Rakkaus on suurin

Rakkaus on suurin

Paavo Räisänen

Runoja ja kertomuksia

Kirjailija sivuni www.kirja-lakka.com

Olen julkaissut aiemmin kahdeksan kirjaa.

© 2023 Paavo Räisänen
Kustantaja: BoD – Books on Demand, Helsinki, Suomi
Valmistaja: BoD – Books on Demand, Norderstedt, Saksa
ISBN: 978-952-80-2081-3

1

Hai

hän on julma ja tahto tappaa ja syödä

se estetään näin

sen pyydetään avaamaan suu

ja pelotellaan kouluvuosien

hammaslääkärillä

Se antaa mieluummin henkensä

kuin lääkärinsä

porata hampaitaan

Ah

hiillosmakkara nuotiolla

kyllä, hän laittaa sinappia

kaikki eivät

se pitää ehdottomasti hieman polttaa

muut yleensä hiillostavat

kuinka hän tohtii olla hiilloksella

kahden

kun vain he

hän varmaan muistaa Tobian kirjan

ja hänen ystävänsä neuvon

se neitsytkamarissa kypsennetty

liha

ja sen salaisuus

niin

hän ei koskaan

saisi tietää kaikkea

Hän on joskus ollut pieni poika

hyvin pieni

hän on nähnyt salaisuuksia

hänen mummunsa oli hyvä ruuanlaittaja

himoruuan laittoi pappa

silloin hän lauloi

vain vettä, voita

ja paljon sipulia

ja hän

ei koskaan

maistanut

sitä

Sulhanen lepäsi

hän oli jo melkein voittanut

luomakunnan vallittavakseen

ja hänen morsiamensa

jota koko luomakunta pelkää

turvasi hänen leponsa

Niin, melkein

hän tiesi heikkoutensa

aina hän vaati itselleen Jumalan kunnian

niin heikko hän oli

ja

hänen Herransa ymmärsi häntä

Tunnen näin

rohkeakin mies tahtoo

joskus olla raukka

Kukaan ei ole koskaan voinut

sanoa karhun tehneen hänelle pahaa

Koskaan ihminen ei ole uskaltanut

kuten David pakkotilanteessa

vaatia metsän valtiaan henkeä

paljain käsin itselleen

Hän pitää tämän kaatamista

metsämiehen jaloimpana tehtävänä

miksi

Miksi kafferipuhveli

on vaarallisin suurriista

Se on nautaeläin, eikä syö lihaa

sen lihaa himoitaan

se on suuri ja väkevä

Syyttömänä se luodin osuessa tulee päin

ei ole keksitty asetta

jolla se heti kaatuu

Niin.

On kirjoitettu.

ja mikä on kirjoitettu

se tapahtuu

"Siionin tyttäret vaikenevat."

Kyllä. Saatana vaiensi heidän ihanat laulunsa

mutta

kerran he saavat jälleen laulaa jälleen kiitoslauluaan

jo täällä ajassa se tapahtuu

amen.

Jumala ei salli uhmata

rohkeuden osoitukseksi

henkeään itseltään vaatien

joskus hän sallii tyhmän rohkeuden

näen leijonan kaatajan

hänellä on jo supertehokas ase

Hän ampuu kuolettavan osuman

Ei, ei viidakon kuningas anna henkeään

hän kääntyy kohti ja syyttää

hän ei ollut tahtonut tappaa

metsämies voi vain tunnustaa

oman kunniansa takia hän tahtoi tappaa

miksi et ota paljain käsin

metsämies painaa päänsä

Leijonan ei tarvitse antaa henkeään

tälle aseelle

hän voi kyllä nyt hyökätä ja hän paljastaa kitansa

Ehkä metsämies ristii nyt kätensä

kyllä Luomakunnan Herra antaa hänen tehdä tämän

kohta hän nylkee saalistaan...

Lentävä sana
joko paperina, tai
tai?
siis, miten?
Se vain tuli, se tuli
jostain
lupaa kysymättäkin
seinät eivät sitä pidätelleet
no.
hän oli aina
ajan tasalla

Marliini kenties luomakunnan vaarallisin peto

usein se hyökkää ja tappaa kalastajiaan

Näen sen raivon

tuntikausia se kestää

saatana sähkötuolissa

ei sähköllä ole siihen valtaa

Kuitenkin se on tehnyt jotain

että Luomakunnan Herra

vaatii sitä nyt luovuttamaan henkensä

Marliinikin lopulta antautuu sille

Että Herra sallii ihmisen alistaa

luomakuntaa valtaansa

Mies etsi morsianta

hän pelkäsi löytävänsä

sillä hänen henkensä olisi vaarassa

morsian

hän tiesi

maailman vaarallisin henkilö

sillä kuka voi rajoittaa hänen valtaansa

niin, kuka

Hän oli niin pelännyt tätä

hän paljastaisi ruusunmarjateensä

ja hänen vihollisensa

mies

vaati nyt hänet

ja hänen henkensä tilille

kuinka hän nyt aikoi tappaa karhun?

karhu paljastaisi hänelle

salaiset ruusutarhansa

ja koko mies oli lyöty

vastaa?

hän, mies vaatii

Nyt hän joutui tunnustamaan mokanneensa

2

Kyllä

hän joutui niin usein puhuttelemaan häntä

ei voi olla oikein

miksi hän ei saanut tietää hänen

suihkumoottoriensa salaisuutta

Eivätkö hänelle hänen ihanat siipensä

aina riittäneet

Hän nauraa

miksi hän ei kerro salaisuuttaan

edes hänelle

Mummun munkkien salaisuus oli

että ne paistoi pappa

mutta kaakaon keitti mummu

lämmin maito

ja siihen kaakao

vasta paistetut munkit

ja hänelle paljastetaan jotain

mihin ihminen

on aina heikko

Voi kuinka kuningas rakastikaan seurojaan

mitään muuta hän ei olisi halunnut

mutta hänen profeettansa olivat joutuneet

odottamaan liian kauan

liian kauan

ja alkavat väsyä

niin väsyä

Mutta jotka Herraan turvaavat

saavat uudet voimat

ja lentävät kuin kotkat

lentävät?

Ovatko he nyt siis jo enkeleitä?

Oli kuningas

Hänen valtaansa ei kiistänyt kukaan

Keneltä hän sai valtansa

sillä jokaisella on herransa

no, ei kysytty

kaikki tiesivät sen kuitenkin

Eikö ollut tärkeintä

että hänen valtansa oli Jumalalta

ja tuomitsi oikeudenmukaisesti

hänen voimansa oli heikkoudessa

niin, hänen salaisuutensa

siitähän hän sai voimansa

sillä hän uskoi Sanan

Nyt hän viimein

kertoo salaisuutensa

viimein...

Hän ei joutunutkaan

lähtemään paratiisista

hänestä piti tulla

enkelipikkuisten opettaja

mutta taivaassa tapahtui sota

niin hän tämän sanoi

niin

hän tiesi

hän oli nuorena niin villi ja vapaa

vaarallinen

hän aina ajatteli

kun enkelikoulut

eivät häntä pidätelleet

niin

tässä ollaan

hän nauraa

He
olivat kahden
nyt hän paljasti hänelle
jotain ihanaa
tämän hän haluaisi aina nähdä
hänen äitinsä pullataikina
ja hänen salainen
korvapuusti reseptinsä
ne hän sai
vaikka aamukahvilla

Puutarhani

ja sen salaisuus

orjatar, rakkaani

miksi hän on orjatar

kysyn

Hän selittää hellästi

hänen henkensä kuuluu

hänen Herralleen

joka hänen edestään kärsi

mikä oikeus

hänellä

on itselleen

ihmisoikeuksia vaatia

Jos pyydän Herralta jonkun, Enkö ole jo saanut hänet, jos olen voittanut hänet Herralle?

Eurooppalainen metril on aivan hirveä peto. Kuka hänet löytää ja voi riistää hänen henkensä vai onko hän kuollut sukupuuttoon. Ei kyllä hän valkeassa kaavussa töyhtö korvineen on löydettävissä.

Oli orja ja orjatar

Siis kenen orjatar

Orjatar Herran

Orja hänen orjansa

Palveliat

niin vähäiset

He usein Paavalia

vankeudessaan muistelivat

Onko Orja Orja

jos korkeinta palvelee

Hänen käsiinsä elämänsä

antaa

Kuin lapsi luottaen

"Kaiken hältä saan,

kaiken myös Hälle annan."

Kuka on antanut kellolle

Luvan juosta noin nopeaa

Minulta hän ei ole kysynyt

En olisi luvannut

Hän ei kerro

Mistä juoksunsa saa

mutta tiedän

Ajallakin on Herransa

 Kuten kaikella kaikkialla ja luonnonlaeilla

ne kaikki

Ovat Mestarinsa

käsialaa

Hän ne säätää

Hän ne rikkoo

ja ylläpitää

Morsian ja Ylkä puutarhassaan Kihlapariko?

Taivainen lahja,

niinkö?

Kyllä Ylkä kerran tule

Hän on sen luvannut

Kaunis laulu

on Korkea Veisu

missä Hänen puutarhaansa

Ei kenkään

koskaan sitä löydä

Vai löytääkö sittenkin

sehän on rakastuneiden sydämessä

Elia

Hengessä korvessa

Profeetalliset näyt

Kuinka saatana kaatuu jaloilleen

Kun kuningas saapuu
Hallitsija vanki

Synteinsä tähden

Jo katuva

Ei armoa enää

Jumalalta löydä

Johannes Kastaja

Kamelinkarvainen viitta

Jumalan mies

Kuin Herran enkeli

Kuitenkin lihaa ja verta

Yllään Herran henki

Paavali ja vankihuone

Seurassaan keisarin vaino

Edessä kuoleman tuomio

Herran rauha

Henki jo kuin Isän luona

Oikeassa kodissa

Tehtävä päätöksessä

Kaikki suoritettu

Mikä on jättää mainen maja

Maahan maatumaan

Kun edessä on juhla

Karitsan ikuinen

Joka henkeänsä rakastaa

Hän sen menettää

Näin lausuu Raamattu

Kuin matkaohje

Herran työmiehen

Heidän vatsansa

On heidän Jumalansa

Kuinka tärkeä onkaan

Jokapäiväinen leipä
Pröystäily, mässäily

Ylenpalttisuus

Hekuma viinipöydän

Kaukana Jumalasta

Rahapelit

Rahan himo ja ahneus

Monen turma

Sielun surma

Hänen rinkilänsä

Hän ei nyt uskalla

Mennä naimisiin

Tunkeeko hänen vaimonsa

Väkisin hänen kurkkuunsa

Kolme rinkilää

vastoin

Hänen vapaata tahtoaan

Oli mies

Oliko hänellä valtakunta

Kukaan ei ainakaan hänelle sitä tunnustanut

Miksi hän vaatisi tunnustusta

Mitä hän sillä tekisi

Eikö tärkeämpää ollut

Että hänellä oli rakkaus

Rakkaus?

Häneltä kysytään

Missä ja mikä rakkautesi on

Näytä se meille

Vastaako hän

Kyllä, kyllä hän vastaa

Se vuodatti kerran Golgatalla uhriverensä

Vain sekö?

Häneltä kysytään

Nyt hän on hetken hiljaa

Miksi hän julkisen salaisuuden kertoisi

Mies ja hänen taistelunsa

Oli merkillinen mies ja hänen sukunsa. Miehellä oli taistelunsa, jotka vain harva tiesi. Hänen siskollaan oli konekivääri ladossaan ja hänellä itsellään oli ilmatorjuntatykki saatanan enkeleitä vastaan. Sillä hänen hopeanuolensa tekivät osuessaan vihollisen enkelit voimattomiksi ja siksi saatana pelkäsi miestä. Hänellä oli myös ilmatorjunta ohjuksia, mutta ne tehosivat vain vihollisen taistelu lentokoneisiin. Mies oli hyvin syntinen ja tunsi aina piston sydämessään, että armeijassa hänen selkänsä takana, oli tykisto patteri ja hän aina haaveili saavansa varastoonsa heiltä 15 millisen tykin ja he eivät antaneet ja niinpä hän pilkkasi heitä tykkijulleiksi, koska hän ei tunnusta omaa heikkouttaan itseään suurenpaa sankaria. Itse hän taisteli radioaalloilla pahoja henkiä vastaan, joita hän salaisella epäselvällä sähkötyskoodillaan tuhosi, koska se laittoi heidät sekaisin ja he joutuvat vain toteamaan, että hänellä oli huono sähkötyskäsiala.

3

Jumala, Luomakunnan Herra

ihminen, hänen tilanhoitajansa

Sinivalas ei hänen herruuttaan tunnusta

Vanha tarina sen kertoo

oli valas ja poika

Valas ui pojan kotilahteen

poika pyysi maanjäristystä

sulkemaan lahden

Valas nauroi

poika pyysi aurinkoa ja kuuta

kuivattamaan lahden

pian heimo juhli valaan lihalla

Uskon soturin vastus on aina ollut ylivoimainen

ja mahdoton hänen tehtävänsä

vaatimattomuus on yksi hänen aseensa

koska hän ei ole koskaan voittanut yhtään taistelua

Hänen Herransa on kyllä voittamaton

Teensä

hän haluaa valita itse

Ei.

ei ollut kohteliasta

lähteä lentoon

kesken teekupillisen

joutui hän usein huomauttamaan

mutta hän vain nauroi heleästi

ja hän joutui tunnustamaan

hän oli niin vapaa

Niin

hän muistaa sen

aavikko ja hän yksin

ja hänen ratsunsa oli verinen

Taivaanranta täyttyi vihollisista

he lisääntyivät ja alkoivat lähestyä

Hän oli pitkästä matkasta väsynyt

ja oli levännyt ratsunsa selässä

nyt hän hieman ryhdistäytyi

ja otti lonkkalevon

hän saattaisi joutua taistelemaan

Vihollinen sai lisää joukkoja

hänen niin teki mieli levätä

Viholliset levittivät siipensä

ja hyökkäsivät kohti

hän rauhan mies

ojensi kätensä ylös ja käänsi selkänsä

Hänen ystävänsä

ylienkeli Mikael

takasi aina

hänelle levon

Ja maa oli autio ja tyhjä

Ja olivat vain he kaksi

Ei aikaa ei paikkaa

Ja kun he tunsivat toisensa

Taivaan sotajoukot lauloivat ihanaa lauluaan

Ja Mikael henkäili

Ja niinpä

Ukkonen kuin jyrisi

Taivaasta tippui salamoita

Mutta olivat vain he kaksi

Ja salamat löivät vain saatanan enkeleihin

Niin koitti hääyö

Kuinka he rakastivatkaan toisiaan ja tunsivat toisensa

Ja maailma, aika ja paikka

Katosi heidän elämästään hetkeksi

Saatana on hullu

Sillä hän kuvittelee

Olevansa ylienkeli Mikaelin vertainen

Joka yhdellä sormellaan

Saatanan enkeleineen

Voi helvetin tuleen pistää

Saatanan paha luonevika

Saa aikaan

Että hän aina valehtee

Vain lukiessaan Raamattua hän puhuu totta

Ja hänen saarnansa on lopulta

Aina petos

Musta mamba suorittaa

Tehtäväänsä viidakossa

Jumalan eläin

Hän tietää kirouksensa

Vaatii sovittaa sen

Vaatimalla kuolemalla

Takaisin sen piston

Jonka hänen hahmonsa

Saatanan hänen sisään tullessaan

Ihmiselle aiheutti

Kuun valon yrittää vaatia saatana

Sillä hän aina valehtelee

Luonnevika tässä on hällä

Ei pysty totuuteen

Kuun valo Raamatussa

On lain valo

Jumalan valoa on lain valo

Sillä lakihan on Jumalalta

Joosef Potifarin hovissa

Hän vertaus jo ennen

Jumala pojasta

Joksi uskovaiset kutsutaan

Kova oli viettelys

Saatana vaati jo uhrinsa

Hänen aikansa ei ollut

Vasta ristillä

Jumala tuomitsi maailman synnin

Syytön tuomittiin

Hän voitti kuoleman

Antoi armon kuolemastaan, kärsimyksistään

Hän Herramme on

Kaikki luononvoimat ovat Jumalalta

Kun ukkonen jyrisee

Mikael hengittää rauhallisesti

Kun hän treenaa taisteluaan

Saatanan enkeleitä vastaan

Sade on välttämön elämälle

Sen eri olomuodot

Lumi kuin hänen puhtautensa väri

Likaisessa muodossa

Jonka maanpäällä syntimme

Ovat tahrineet

Jää kuin sydäntemme kirsi

Evankeliumilla murrettavissa

Aurinko on välttämätön näkeäksemme

Ja kasvit tarvitsevat sitä yhteyttämiseen

Aurinko hänen Armonsa vertauskuva

4

Rynnäkkö

Sissi istui suon laidalla armeija-aikana ja katsoi suolle, jolle kranaatinheitinkomppania ampui sulkua vähän matkan päähän. Maa tärisi ja jyrinä oli hurja. Hän muisti sodan karaisemat kovat kiväärimiehet, jotka juoksivat käskystä tykkitulen ampuessa sulkua ympärille ja miinojen rähähdellessä, kun suojaavat panssarivaunut ajoivat niihin. Maan tärinä alla ja pauke, sai hänet ensimmäisen kerran tuntemaan hieman pelkoa. Hän karastui. Sotilas minäkin ja sodassa taistelija vaarallisessa tehtävässä. Kaukana linjonen takana. Aina vaara ilmitulosta ja ilmitulo tuli iskun jälkeen selvä. Takaa ajo ylivoimaisen vihollisen tullessa perässä ja kilpajuoksu kuoleman kanssa. Kyllä. Suomen sodissa heitä oli paljon. Monen ruumis jäi mätänemään Neuvostoliiton metsiin. Nyt hän katsoi suolle. Kyllä. Kyllä. Hänkin jos käsky kävisi, juoksisi tuolla sirpaleiden ja paineaaltojen seassa ja luottaisi Jumalaan, että hänen henkensä oli Jumalan käsissä ja jos hän kaatuisi, hän saisi vielä paremman osan taivaan kirkkaudessa.

Lupaus

Alokas suoritti julmaa tehtävää ja siivosi tupaansa. Tehtävä oli hänelle vaikea, koska hän osasi vain olla sotilas. Hän jynssäsi ja jynssäsi ja hammasharjansa kanssa ja defiointiaineella, hän hinkkasi lattian. Mutta tämä ei kelvanut alikersantille, vaan hän vaati parempaa. Nyt alokas vetosi everstiin, herransa päivystäjän kautta. Everstin oli tultava, kun hänen alokkaansa häneen vetosi. Hän totesi siivouksen olevan niin hyvä, että hän on taitonsa näyttänyt, eikä hänen enää koskaan tarvitse, siivota tupaansa. Hän korotti alokkaan ja antoi hänelle kaappiin ladatun rynäkkökiväärin ja sanoi että alikersantti voi rikkoa hänen lupaansa ja laittaa siivoamaan.

Sissin viimeinen palvelus

Sissi oli linjojen takana tiedustelutehtävissä joukkueensa mukana. He tiesivät suunnilleen vihollisen joukkojen sijainnin ja pyrkivat sen selustaan tarkkailemaan Sissi lähetettiin partionjohtajana taisteluparinsa kanssa suorittamaan tiedustelu tarkemmin. Hän oli varomaton ja käveli vihollisen hälytyslankaan. Kuului räjähdys merkki ja he olivat paljastuneet. Sissi ei vieläkään tiennyt vihollisen asemien tarkkaa sijaintia ja hän juoksi joentörmän päälle. Hän näki suuren määrän telttoja ja vihollisen joka rynnäköi lukuisasti häntä vastaan, tulitti ja vaati antautumaan. Sissi tiesi epäonnistuneensa tehtävässä. Hän oli johtanut partionsa ansaan ja paljastanut koko joukkueensa viholliselle. Hän päätti kaatua taistellen. Hän seisoi pystyssä miehenä joukkojen edessä, laittoi nämä pelkääviksi pojiksi ja ampui takaisin. Luoti lävisti hänet ja hän kaatui miehenä. Vihollinen oli kauhun vallassa ja pakeni ja pakeni. He olivat nähneet miehen kaatuvan ilman että saivat häntä pelkäämään. Joko sissi rivimiehenä oli vihollisen voittanut.

Titari

Titari muisteli armeija aikaansa vanhana miehenä. Oli tunnilla Wiski kaatanut ja välillä tauti. Hän oli ollut Petsamossa kuusen alla näihin päiviin asti salaisella vartiopaikallaan, mistä ei ollut lupa lähteä pois. Ystävällinen kalastaja oli antanut hänelle ruokaa, eikä paljastanut häntä venäläisille. Sieltä hän piti radioyhteyttä Äänisen rannan viimeiselle vartiopaikalle, jossa yksinäinen toinen vartiomies, keitteli Äänisen aalloista kahvia ja rukoili jo kotiutuskäskyä. Kotiutuskäsky annettiin vasta 2023 ja vanhat ja väsyneet vartiomiehet pääsivät reserviin odottamaan viimeisiä palveluksiaan.

Yksi armeijassa anettu lupaus oli vielä häneltä täyttämättä. Hän oli oppitunnilla saanut raakaa lihaa ja hän odotti päivää, jolloin hänelle nyt tuodaan rasia raakaa jauhelihaa ja hän syö sen Nuorten miesten puolesta.

He kaikki uskoivat lupaukseen

Paratiisissa annettiin lupaus

Joka ristillä täytettiin

Abrahamin usko

Mahdoton

Lapsi yli ikäisestä vaimosta

Paljon muuta

Paavali oli lukenut

Tuhatvuotisesta valtakunnasta

Salaisuus ei ollut kypsä paljastettavaksi

Jumala antaa Sanan ajallaan

Hänen hetkeään on odotettava